学术顾问：张　莹
专家审阅：冯永谦

出版策划：马　航
选题策划：沈阳中汇艺术馆有限公司
视频策划：辽宁北方传媒广告有限公司
动画制作：李小姣　裴　增
资料整理：王巧玲　吴　琼

扫码解锁

文博绘画板
国宝集拼图
文物放大镜
历史留声机

图书在版编目（CIP）数据

博物馆里的奇妙中国. 陶器 / 王可著 ; 姜波, 孙雨萌绘. — 沈阳 : 辽宁科学技术出版社, 2021.7（2024.4重印）
ISBN 978-7-5591-2033-5

Ⅰ. ①博… Ⅱ. ①王… ②姜… ③孙… Ⅲ. ①陶器(考古) – 中国 – 儿童读物 Ⅳ. ①K87-49

中国版本图书馆CIP数据核字(2021)第076793号

出版发行：辽宁科学技术出版社
(地址：沈阳市和平区十一纬路25号　邮编：110003)
印 刷 者：凸版艺彩（东莞）印刷有限公司
经 销 者：各地新华书店
幅面尺寸：250mm × 250mm
印　　张：4
字　　数：80千字
出版时间：2021年7月第1版
印刷时间：2024年4月第5次印刷
责任编辑：马　航　姜　璐
封面设计：张琼月
版式设计：张琼月　许　科　王　毅
责任校对：闻　洋

书　　号：ISBN 978-7-5591-2033-5
定　　价：49.80元

投稿热线：024-23284062
邮购热线：024-23284502
https://www.lnkj.com.cn

博物馆里的奇妙中国

陶器

王 可 著
姜 波 孙雨萌 绘

MUSEUM
WONDERLAND
OF CHINA

POTTERY

辽宁科学技术出版社
·沈 阳·

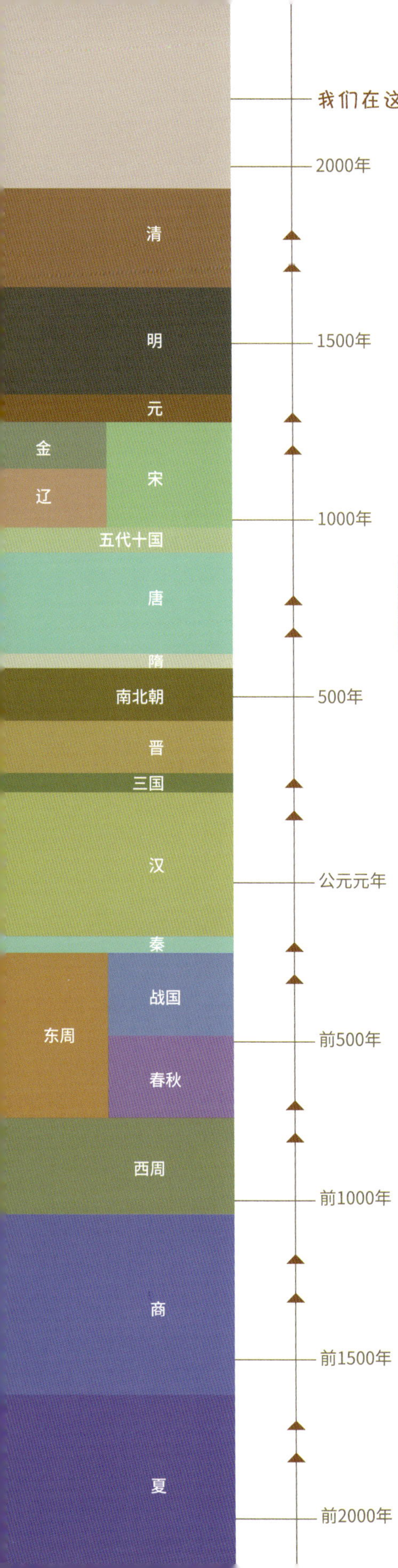

本书主人公介绍

你好！我是咕叽，最喜欢跟着在博物馆工作的妈妈去博物馆玩儿。告诉你一个秘密，在那里我和很多文物成了好朋友！它们会给我讲很多很久以前发生的好玩儿的事儿，还能带我穿梭博物馆的神秘之门！你想不想跟我一起去看看？

咕叽

一个很有好奇心的小男孩

我是一件来自新石器时代的陶罐，我老得记不清自己的年纪了。哈哈，年纪对我来讲并不重要，重要的是，我看着这个世界不停地变化，我喜欢现在的生活，也喜欢给可爱的孩子们讲我知道的很久很久以前的故事。

陶罐爷爷

原型来源于
新石器时代的陶罐

我是陶子，我喜欢和咕叽一起穿梭时空，也喜欢和他聊天，说一说各种好玩儿的事儿。

陶子

原型来源于东汉绿釉陶狗

跟随我们开启博物馆的奇妙之旅吧！

馆长推荐语

中华文明是世界上唯一不曾中断、绵延了5000年的伟大文明，在漫长的历史长河中，我们的祖先给我们留下了很多关于他们的故事，这些故事就藏在流传至今的一件件文物上。

2020年辽宁省博物馆推出了儿童体验馆，希望能让孩子们读懂文物，爱上博物馆，在博物馆的陪伴下快乐成长。本套儿童文博绘本的出发点也是如此，它是一套可以“捧在手中的博物馆”，用轻松有趣的方式，生动演绎不语的文物，让孩子们发现文博的乐趣和传统文化之美。

以古鉴今、思考当下、创造未来，是博物馆开展儿童和青少年教育工作的使命。愿可爱的孩子们可以在博物馆的陪伴下长大，有思维、有向往，延续中华文明的光和热！

辽宁省博物馆副馆长 董宝厚

没有陶器的日子

陶器可以用来装水、煮饭、盛饭……但在陶器出现之前，我们的祖先可能是用手捧的方式喝了几万年的水。

陶器发明大猜想

早期人类喜欢捏泥巴玩儿。

陶器出现了

怎样让泥巴
硬一点儿、结实一点儿呢？

在漫长的时间里经过了无数次的尝试……

人类的泥土实验

终于成功了！

陶器的制作过程

借助水和火焰，人类将松软的黏土变成了更为坚硬的器物。

各种形状的陶器

据现在的考古发现，最早的陶器出现在距今约 20000 年前。出土的时候都是一片片的碎片，考古学家们一点点将其复原。

文物档案

红陶罐

时代：新石器时代初期

尺寸：高 18 厘米，
口径 20 厘米

现藏地：中国国家博物馆

陶器上的画

我们的祖先用智慧创造了陶器，陶器是他们心爱的器皿，看看下面这些，你喜欢哪一个呢？

在制作出各种形状的陶器后，他们又开始在上面画画，让自己手中的陶器看起来更特别一点儿。

按照陶器表面的颜色，原始陶器可以分为：

上面没有纹饰的称为**素陶**，画有纹饰的陶器称为**彩陶**。

彩陶 就是附加彩绘的陶器，先绘制图案，再进行烧制。

——画在陶器表面的各种图案

陶器上的画

——盆里的图案

古人的花纹

文物档案

人面鱼纹彩陶盆

时代：新石器时代
尺寸：高 16.5 厘米，
口径 39.5 厘米
功能：儿童瓮棺的棺盖
出土地：陕西西安
现藏地：中国国家博物馆

新石器时代　仰韶文化
人面鱼纹彩陶盆

文物档案

龙纹陶盆

时代：新石器时代
尺寸：高 9 厘米，
口径 40.7 厘米
功能：礼器
出土地：山西襄汾
现藏地：中国社会科学院
考古研究所

新石器时代　龙山文化
龙纹陶盆

为什么古人把图案画在盆里？

这是由当时的生活方式决定的。

那时候人类还没有发明出来高脚的桌子，锅、碗、瓶瓶罐罐通常放在地面上，人们无论是站立、蹲还是坐，器物总是处在视平线以下，所以古人常把花纹画在他们更容易看到的位置。

陶器上的画

——发现直线

中国古代的陶器上，很多图案都是由直线组成的。

有个小洞，可以用手提起来。

上面画着互相交叉的直线，像一张大网。

新石器时代　仰韶文化

船形彩陶壶

像一对双胞胎。

新石器时代　仰韶文化

双联彩陶壶

看来古人很喜欢在陶器上加上“耳朵”，这样可以提着使用。

新石器时代　仰韶文化

双耳回纹彩陶罐

H形的格子，看起来很洋气。

新石器时代　仰韶文化

双耳彩陶罐

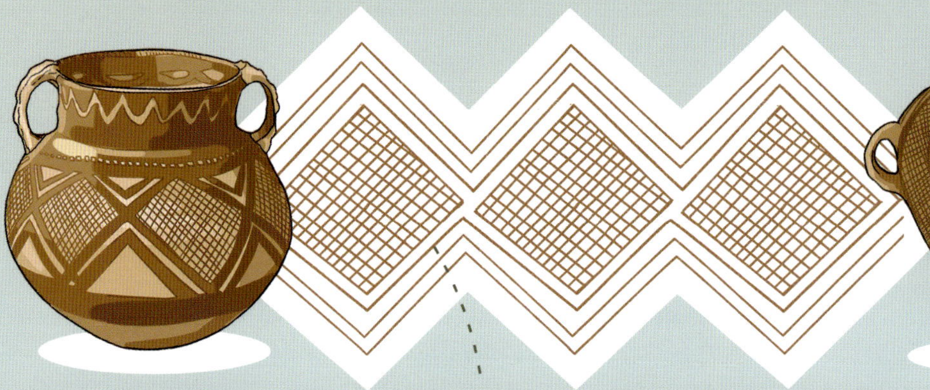

这个图案是连在一起的网吗？或许是田地吧。

新石器时代　仰韶文化

双耳菱格网纹彩陶罐

快看，最上面还有两个小洞呢！

像飘动着的网，很有美感。

新石器时代　仰韶文化

葫芦形网纹彩陶壶

用直线画的画组成了格子、网、三角形、方形等，有许许多多的变化，看起来整齐又有规矩。

新石器时代　仰韶文化
三角曲折纹彩陶钵

除了方方正正的图案，我们的祖先还用直线画了一些神秘的图形。

新石器时代　仰韶文化
彩陶钵

新石器时代　仰韶文化
单耳回纹彩陶杯

陶器上的画

——发现曲线

除了用直线，陶器上的画也使用了各种曲线，画出的图案有的像飘动的云朵，有的像空中的星辰，还有的像湍急的水流。

彩陶背壶上半部分画的曲线有种流动的感觉！

新石器时代　大汶口文化

彩陶背壶

像水中的旋涡和波纹。

新石器时代　仰韶文化

涡纹四系彩陶罐

像盛开的花，也像叶子和小果子。

新石器时代　大汶口文化

花瓣纹彩陶壶

新石器时代　马家窑文化
双耳旋纹彩陶瓶

新石器时代　仰韶文化
双耳旋纹彩陶壶

新石器时代　马家窑文化
双耳旋纹彩陶壶

新石器时代　马家窑文化
双耳旋涡纹彩陶壶

新石器时代　马家窑文化
同心圆圈波纹彩陶盆

陶器上的画

——古人的生活

飞禽走兽，游鱼爬虫……这些在陶器上出现的动物形象，展现了古人的观察力和表现力，令我们惊叹。由此可以看出，人类的生存对动物的依赖，动物在人类的文明进程中不可或缺。

新石器时代　仰韶文化
鱼纹彩陶盆

新石器时代　仰韶文化
鲵鱼纹彩陶瓶

新石器时代　仰韶文化
鹿纹彩陶盆

古时候大多数人都会选择离水源比较近的地方定居，他们会编制渔网来捕鱼。鱼不仅比肉类更容易煮熟，有些还可以生吃。

新石器时代　河姆渡文化
猪纹黑陶钵

那时候的古人已经过上了定居生活，他们对大自然中的动物进行了驯化，从此就可以更有保障地获取食物，比如这件钵上刻画的或许就是被古人圈养起来的小野猪。

新石器时代　辛店文化
鸟纹双耳彩陶壶

这是一件超级国宝，鹳鸟正叼着一条大鱼！你认识白鹳吗？体型大的鹳鸟能有一米多高！

新石器时代　仰韶文化
鹳鱼石斧图彩绘陶缸

文物档案

鹳鱼石斧图彩绘陶缸

时代：新石器时代
　　　距今约 6000 年
尺寸：高 47 厘米，
　　　口径 32.7 厘米
功能：用来埋葬成人的葬具
出土地：河南
现藏地：中国国家博物馆

新石器时代　辛店文化
兽纹双耳彩陶壶

新石器时代的陶器文明地图

黄河流域

考古学家用“XX 文化”给在不同地区发现的陶器起了一些容易区分的名字。这些“XX 文化”都是地名，大多是陶器出土的地方。

内蒙古
黄河
渤海
山西
龙山文化
距今 4000 ～ 4500 年
陕西
山东
仰韶文化
距今 5000 ～ 7000 年
云冈石窟
大汶口文化
距今 4500 ～ 6500 年
兵马俑
河南
黄海

新石器时代的陶器文明地图

长江流域

黄海
江苏
sōng
崧泽文化
距今 5300 ～ 6000 年
安徽
bāng
马家浜文化
距今 6000 ～ 7000 年
湖北
屈家岭文化
距今 4500 ～ 5300 年
上海
长江
浙江
zhǔ
良渚文化
距今 4300 ～ 5300 年
河姆渡文化
距今 5300 ～ 7000 年
湖南
江西
仙人洞遗址
贵州
黄果树瀑布
东海

陶器大家族

生活中的陶器

生活必备！

饮食器 = 碗 + 钵 + 杯 + 豆

wǎn
碗

bō
钵

碗和钵很像。

下面可以添火，用来煮粥、蒸饭、煮肉的！

炊器 = 鼎 + 鬲 + 甗 + 釜 + 鬶

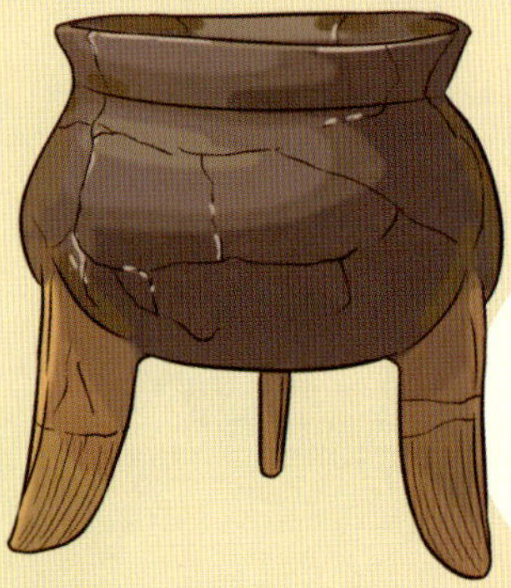

dǐng
鼎

它的脚好像
鱼尾巴呀！

lì
鬲

有3只像大布袋一样的腿！

鼎有圆柱形或扁片形三足，有的有双耳，带盖。

贮存器 = 罐 + 壶 + 瓮

储水的。

guàn
罐

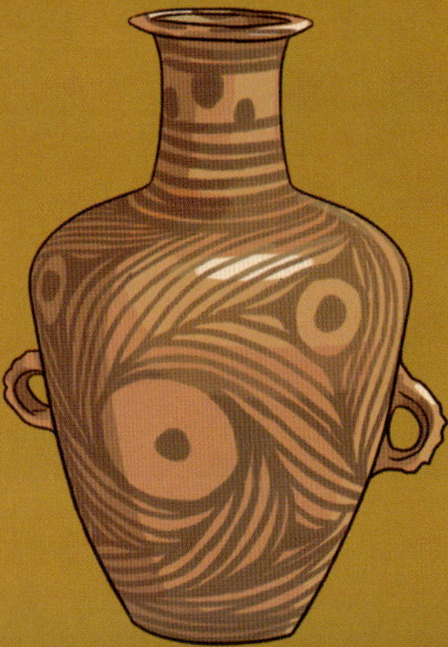

大个儿头！储存粮
食、水等非常重要
的物资！

hú
壶

有的杯带把儿，
有的杯无把儿。

bēi 杯

高底座的小盘子。

dòu 豆

甗是一口“大蒸锅”，上半部用来放粮食，下半部放水。中间有带孔的箅子。

yǎn 甗

fǔ 釜

圆圆的肚子像不倒翁。

釜与灶配套使用，或者配上陶脚，下面可以添火。有个成语叫“釜底抽薪”，里面的釜指的就是这个器物。

鬶的形状好奇怪，像一只鸟！

guī 鬶

鬶即可以炖煮，也可以温酒。它底部是空的，这样能让食物熟得更快。

因为古人喜欢鸟并且非常崇拜鸟，所以把鬶制作成各种各样的禽鸟形象。

wèng 瓮

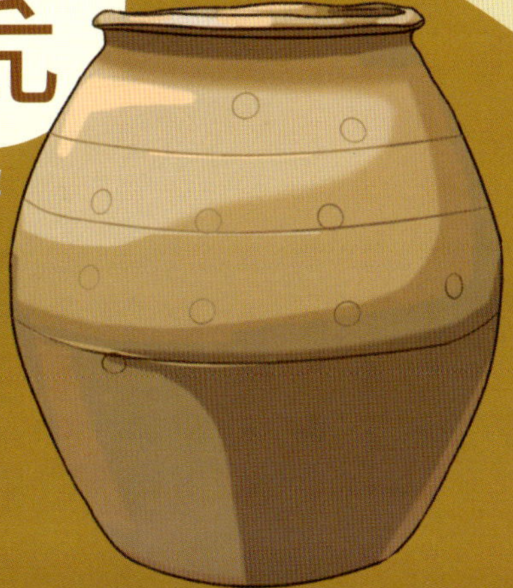

个儿头可真不小！

陶器大家族

“烧脑”的尖底瓶

先民们制作了这种底部尖尖的陶器——尖底瓶，它在先民们的生活中到底有何功能呢？

关于尖底瓶是用来做什么的，中国科学家、考古学家们做了很多大胆的推测和假设，在经历了一个个坎坷又曲折的研究过程之后最终慢慢揭开真相。

推测一 它是一件汲(jí)水器

汲水器就是一种取水、打水的工具

后来的学者做了尖底瓶取水的实验，发现装满水的尖底瓶很容易倾斜，根本拿不稳。而且一些尖底瓶没有耳朵，无法提起，所以这个推测被后来的研究者一致否定了。

推测二 尖底瓶是储酒器

把尖底瓶都放在架子上，然后装上酒。

随着世界范围内尖底瓶大量出土，人们发现不仅中国有尖底瓶，古罗马、古希腊、古埃及和古巴比伦等地都有尖底瓶，很多地方的尖底瓶是用来酿酒或盛酒用的容器。

那么中国的尖底瓶是否和酒有关呢？

陶器大家族

慢慢浮现的真相

甲骨文中的“酒”字，由“酉”与两边的两条好像流动的水组成，你在其中发现尖底瓶了吗？

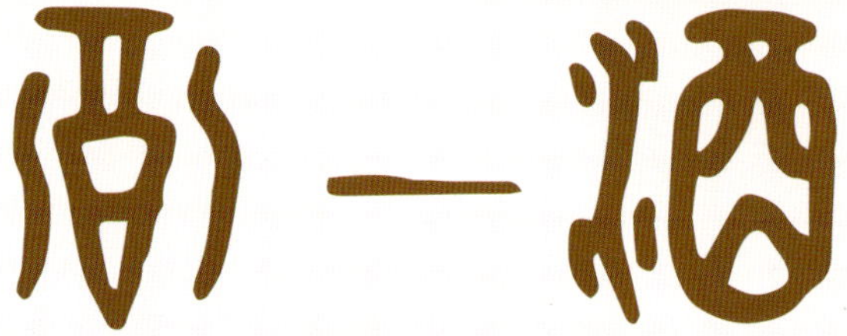

甲骨文　　小篆

关于尖底瓶的最新研究发现

考古学家和科学家共同协作，通过电子显微镜观察一些保存完好的中国尖底瓶内壁上的残留物，发现有**谷物类发酵酒的成分，也就是说在尖底瓶内部发现了酒的痕迹！**

文物档案

旋纹尖底彩陶瓶

时代：新石器时代早期，距今5000年左右

尺寸：高26.8厘米，口径7.1厘米

功能：盛酒器

现藏地：甘肃省博物馆

小朋友们，书里关于尖底瓶的用途就介绍到这，考古发现就是不断假设和推翻、不断用新的方法和科学技术来破解未解之谜的过程，你愿不愿意未来当一名考古学家呢？等你们长大了，对尖底瓶用途的了解可能会更清晰和准确！

现在，我们离真相越来越近了。

尖底瓶与酒密不可分，应该是**祈雨、祭祀、庆典等礼仪活动时的特殊盛酒器。**

实用小贴士
陶器也有小缺点
① 易碎
② 易吸水
古人制作好了陶器，开始用陶器盛粥喝，这时，他们发现了这样的问题……
我的碗碎了。
我的大罐子也碎了。
易碎
吃饭了，
儿子。
有点儿热，我待会儿再吃吧，妈妈。
一段时间后
原本满满的一碗粥居然变少了。
陶碗把我的粥喝了？
易吸水
陶土中有很多小气孔，水分就是从这些小孔洞里悄悄溜走的。
陶器易吸水这个小缺点，从另一个角度来看也是个优点呢！
现在常用的花盆有些就是陶土材质的，透气性更好呢！

房子上的陶器

——瓦当

瓦当的出现

数千年前，古人先后居住在山洞、地穴以及茅屋之中。随着文明的推进，到了商代，他们开始建造土木结构的房屋，并用泥土制作一些房屋上的构件。

陕西周原遗址

考古学家在距今3000年前的周原遗址中发现了中国建筑史上重要的建筑材料之一——瓦当。

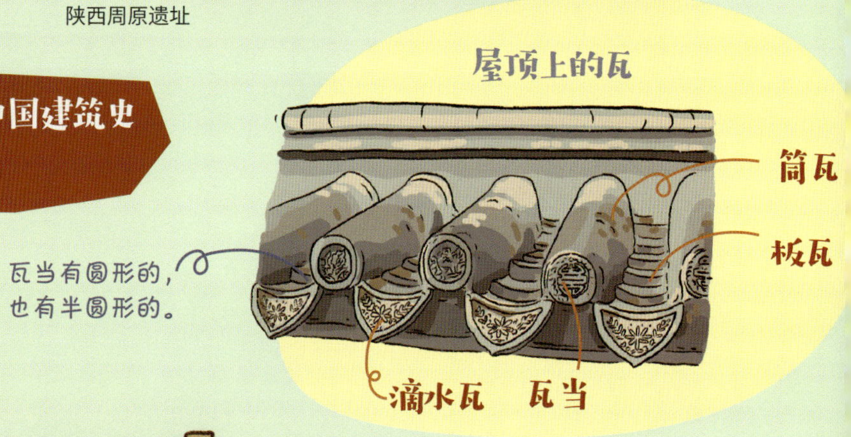

什么是瓦当？

瓦当是古代屋顶筒瓦前端的遮挡，有装饰美化和保护屋顶的作用。

瓦当上的秘密

见此图标 微信扫码 加入奇妙中国寻宝小分队

金乌是古代神话传说中有3只脚的乌鸦，代表着**太阳**。

这是住在月亮上的**蟾蜍**和**玉兔**（蟾兔）。蟾兔代表着**月亮**。

这些瓦当来自西汉时期的宫殿建筑。一枚瓦片，一页历史，人们在瓦当上呈现日月，表达了一种征服自然的自信，它们是汉代精神和理想的象征，也是秦砖汉瓦中的顶级珍宝。

埋在地下的陶俑军团

——秦始皇兵马俑

埋在地下的陶俑军团其实是当时的陪葬品，古人对人去世之后的世界非常重视，贵族们会做很多陪葬品。

商周时期，贵族去世了，要人和动物一起陪葬。后来，用陶土做成俑来代替。最著名的俑就是秦始皇兵马俑了。

秦始皇统一六国，推秦制而及天下，是中国第一个称皇帝的君主。

一起逛逛兵马俑博物馆吧！

秦始皇兵马俑是根据真人士兵形象塑造的，特别精巧，千人千面，身材也跟真人一样高大威猛！

新石器时代是陶器的萌芽期，到了秦代，陶器制作技术已经达到相当成熟的阶段了。

埋在地下的陶俑乐队

——伎乐俑

和威严英武的秦始皇兵马俑不同，汉代以后，俑的样子温柔了许多，更多地体现了生活的乐趣。

见此图标 微信扫码 加入奇妙中国寻宝小分队

文物档案

坐部伎乐俑

时代：隋代，距今 1400 年左右

尺寸：高 19.5 厘米

功能：陪葬品

出土地：河南安阳

现藏地：河南省博物馆

炫丽的三彩王国

——特殊守护者

唐朝社会富足，唐人崇尚奢华，连去世的人的陪葬品也讲究华丽多样。墓主人身份越尊贵，包括三彩在内的陪葬品就越多、越精美。而下面这些就是陪葬品中负责看守墓道、保护墓主人的特殊守护者——三彩镇墓兽和三彩天王俑。

三彩镇墓兽

三彩镇墓兽

三彩天王俑

三彩镇墓兽

三彩镇墓兽

唐三彩是什么？

唐三彩是唐代的一种精美陶器。很多人会误认为唐三彩是一种瓷器，其实它和瓷器无关，是一种典型的釉陶——盛行于唐代的一种低温釉陶器。

文物档案

三彩天王俑

时代：唐代

尺寸：高 53.5 厘米

功能：陪葬品

出土地：陕西西安

现藏地：中国国家博物馆

——巡回乐队

除了三彩镇墓兽和三彩天王俑的守护之外，还有不少由骆驼搭载着的异域乐队。唐朝国力强盛、文化发达，引来了世界各地的人们，他们带来了各种新奇的珍宝、异域的音乐和舞蹈，大受欢迎，风靡唐朝当时的首都长安（今西安）。这件骆驼俑上驮着的是一支正在表演的乐队，有伴奏，有主唱，尽情演绎着对大唐盛世的赞美和对美好生活的追求。

三彩釉陶骆驼载乐俑

文物档案

三彩釉陶骆驼载乐俑

时代：唐代

尺寸：骆驼高 58.4 厘米，
舞俑高 25.1 厘米

功能：陪葬品

出土地：陕西西安

现藏地：中国国家博物馆

唐三彩只有 3 种颜色吗？

唐三彩不是指 3 种颜色，而是指很多种颜色，釉彩有黄色、绿色、白色、褐色、蓝色、黑色等。

唐三彩都作什么用？

唐三彩主要用于陪葬。

唐代是一个非常富庶的时代，厚葬之风盛行，所以烧造了大量的俑、动物和各种器物，种类非常齐全。

三彩马场

三彩男装女俑

时代：唐代

功能：陪葬品

现藏地：陕西历史博物馆

三彩马

三彩马

三彩腾空马

文物档案

三彩腾空马

时代：唐代

尺寸：高 38 厘米，长 52 厘米

功能：陪葬品

出土地：陕西西安

现藏地：西安博物院

唐三彩的烧造过程

见此图标 微信扫码 加入奇妙中国寻宝小分队

对于一些复杂的人俑、镇墓兽、马、骆驼等，通常都是先做出陶坯零件，再组装到一起。

1 分别制作陶坯

将做好的拼起来

2

3 阴干

4 第一次烧制素胎

烧制的时候，最开始用小火，再慢慢加大火力，直到完成。

5 素胎完成

在古代烧窑时，没有温度计，完全靠窑工用眼睛观察火苗的颜色来判断温度。

在烧制好的素胎上通过淋釉的方式上釉料。

6 上釉

7 第二次烧制

出窑后，颜色和釉色有了明显的变化！

8 完成

文博科普时间

火焰颜色和温度

低温火焰的颜色是红到深红色，温度500~600摄氏度；中温火焰的颜色是樱桃红色，温度在700~800摄氏度；高温火焰为橙黄色，温度可达到1000摄氏度左右；1000摄氏度之上，火焰的颜色就会越来越白！

红—深红色
500~600摄氏度

樱桃红色
700~800摄氏度

橙黄色
1000摄氏度

黄白色
1000摄氏度以上

亮晶晶的釉陶

到了汉代以后，陶器有了突飞猛进的发展。原本表面毫无光泽的陶器通过施釉变成了亮晶晶的釉陶。施了釉的陶器就不那么容易吸水了，变得更好用了。

文物档案

绿釉陶狗

时代：东汉

尺寸：高29.7厘米，
长27厘米，
宽16厘米

功能：陪葬品

现藏地：故宫博物院

所以釉陶是之前普通陶器的升级版。

快来升级这座建筑，在素坯上面涂上漂亮的釉色吧！

关于施釉的技术，有一种说法是从西域传来的，不是我们自己发明的。但无论如何，在文明进程中，中国人的开放、包容和进取之心令中华之美更加多姿多彩。

文博创想游戏

天黑了，为陶器引路

今天是星期一，是博物馆闭馆的日子。博物馆中各种各样的陶器都跑出来散步，但是回去的时候大家都想不起自己的位置了。或许是因为几千岁了，年纪大记忆力不够好了！

新石器时代马家窑文化彩陶
旋纹尖底彩陶瓶
1

新石器时代仰韶文化彩陶
鹳鱼石斧图彩绘陶缸
2

新石器时代马家窑文化
舞蹈纹彩陶盆
3

新石器时代马家窑文化彩陶
双耳旋纹彩陶瓶
4

新石器时代仰韶文化彩陶
船形彩陶壶
5

你知道吗？因为周六、周日是小朋友和爸爸妈妈休息的日子，所以博物馆周末是不放假的。大多数博物馆的休息时间是周一。

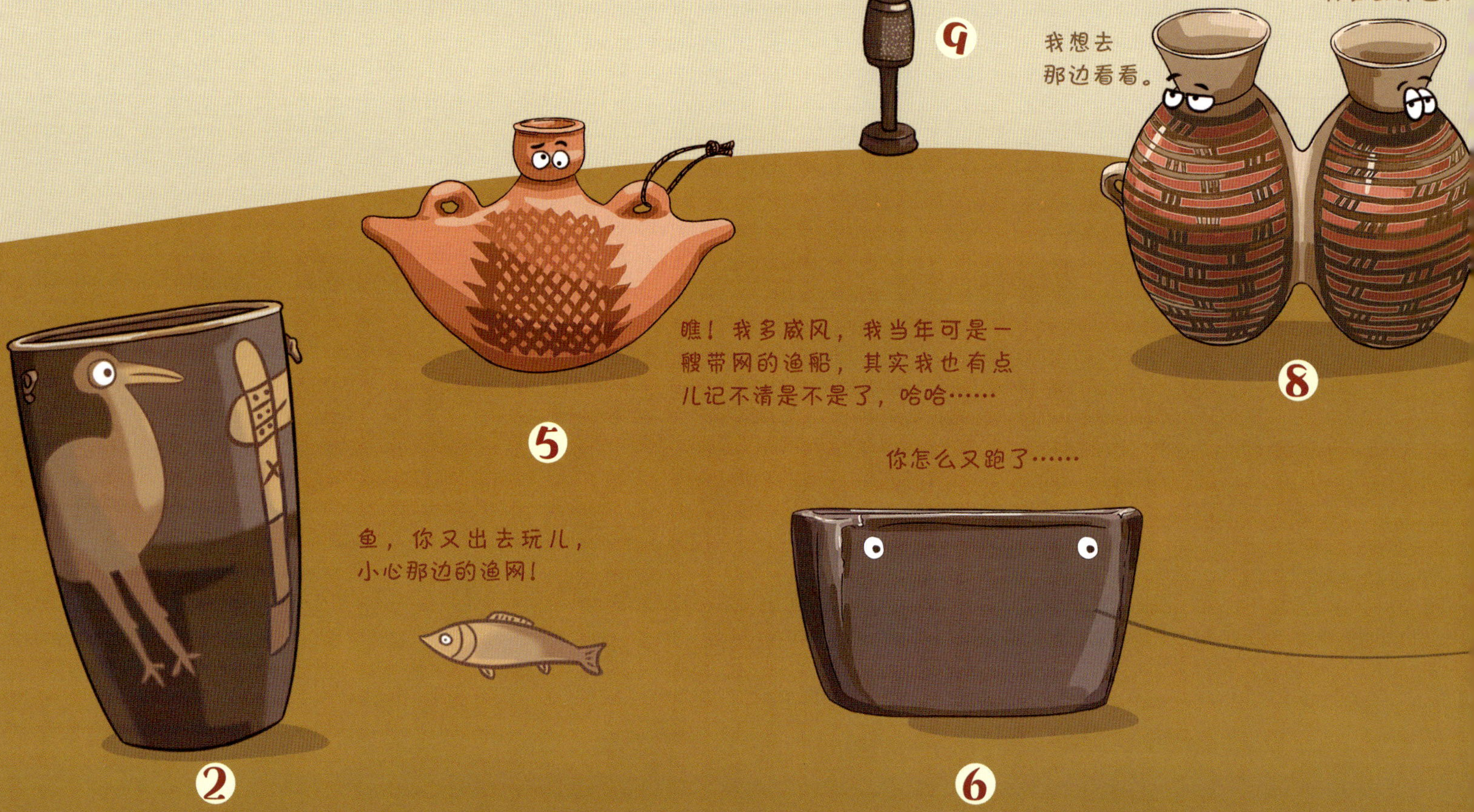

小朋友，请拿起你手中的笔，连连线，为它们引路回到自己的展位上吧！
新石器时代
河姆渡文化
猪纹黑陶钵
6
新石器时代
陶猪罐
7
你发现
答案了吗？
新石器时代
仰韶文化彩陶
双联彩陶壶
8
新石器时代龙山文化
蛋壳黑陶高柄杯
9
现代人还是不知道我当年是干什么用的，我要不要告诉他们？
1
我看不用，探索是人类的乐趣！
4
跳舞跳了几千年，还有比我们更厉害的吗？
3
作为一头猪，你太瘦了。
7
快回来！

博物馆小小志愿者来了

今天咕叽来博物馆当志愿者啦！在博物馆工作，很重要的一项任务是将文物分门别类命名。快来看看壁画上的陶器器型和名称有没有错误？帮咕叽一起来纠错吧！

都叫什么呀？

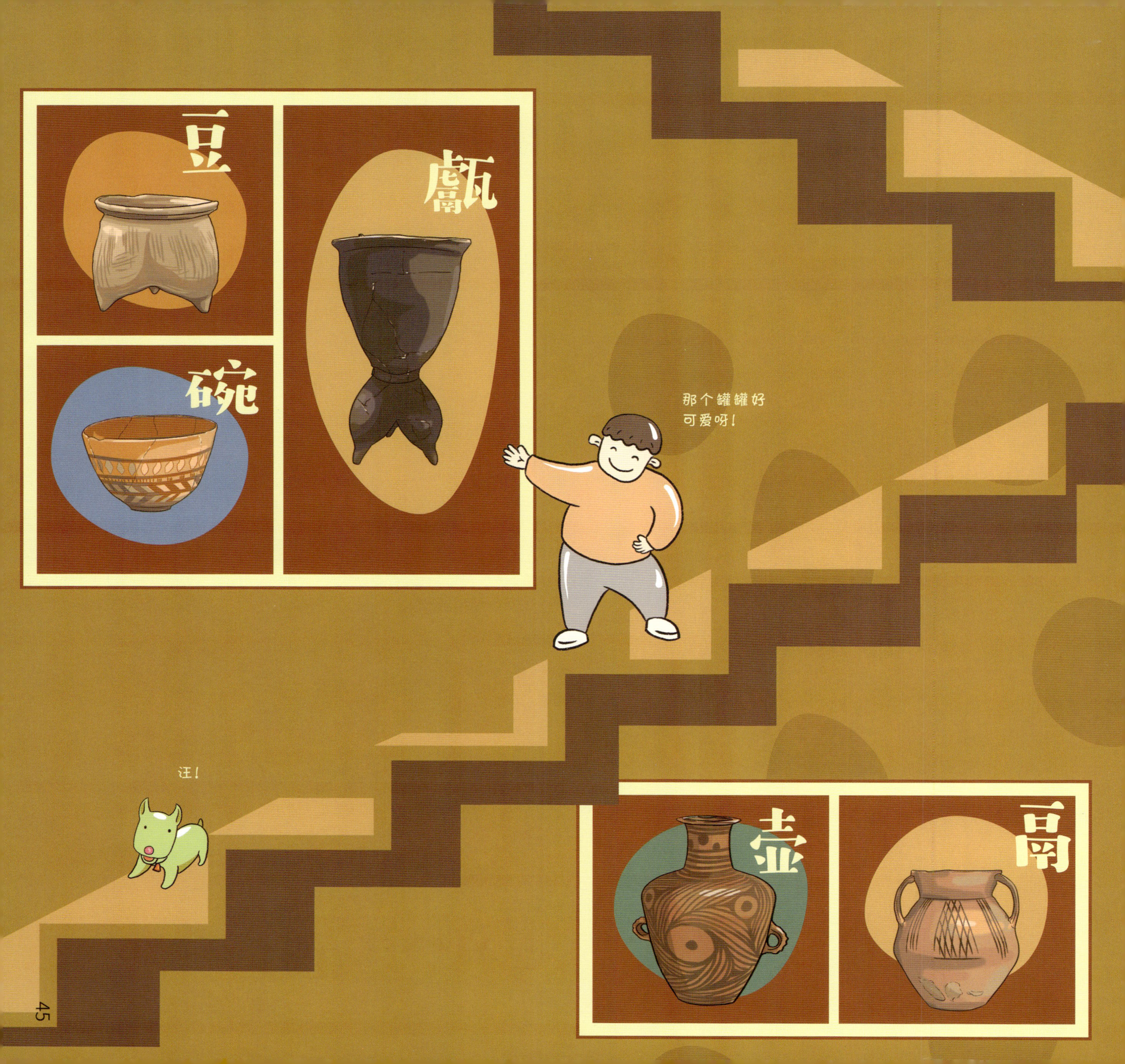
豆
甗
碗
那个罐罐好
可爱呀！
汪！
壶
鬲

我的文博日记

姓名：

年龄：

生活的城市：

我去过的博物馆有：

我看过里面的：

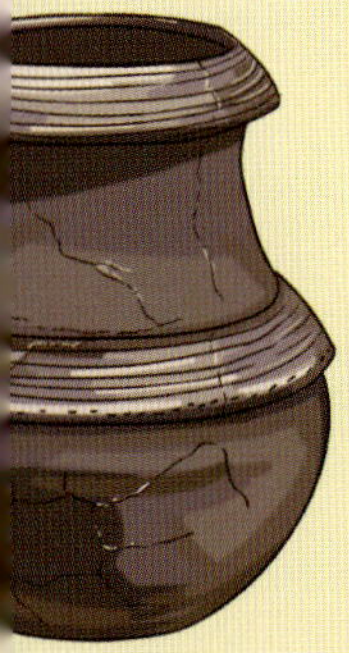

在我的印象中，我去过的博物馆中：□有陶器 □没有 □没太注意

如果可以收藏一件陶器，我会选：

因为：

看完这本书，我想对爸爸妈妈说：

本书任务清单

任务	难易程度	完成
1. 如果你是古人，怎样用双手捧住水而不让它们流走。	★★★	☐
2. 说说陶器的两个小缺点。	★★★★	☐
3. 解锁陶器的制作方法，体会哪一步最难。	★★★★	☐
4. 找出新石器时期的人类在陶器上都画了什么。	★★★	☐
5. 探寻尖底瓶之谜，并说出你对它的用途的猜想。	★★★★★	☐
6. 在各种各样的陶器中找到古时的“大蒸锅”。	★★★★	☐
7. 沿着本书中长江和黄河的地图看考古学家的重大发现。	★★★★	☐
8. 在瓦当上找到太阳和月亮的象征物。	★★★	☐
9. 了解俑的来历。	★★★★	☐
10. 看奇幻的三彩镇墓兽，并判断一下哪只脾气最差。	★★★	☐
11. 在书中寻找到一位穿男装的唐代女子。	★★★★	☐
12. 学会通过火焰的颜色判断温度的神秘技能。	★★★★★	☐

小朋友，陶器很古老但是很可爱吧？在你的家中，有没有陶器的影子？它们可是经历了几万年的传承呢！希望你看完本书后再去博物馆时，也能像咕叽一样和陶器成为好朋友！

中汇艺术馆是北方传媒集团旗下艺术品收藏机构，成立于2008年，拥有1000余平方米的展示空间。十余年来一直致力于中国古代艺术品的收藏、整理、研究与公众传播。艺术馆下设传统文化体验中心，由文博专家、美院教授、历史学者组成教师团队，推出“小小鉴赏家”少儿和青少年系列趣味创想美育课程，已带领千余家庭和孩子走进博物馆，感知5000年中华文明，引导、陪伴孩子发现历史文博之美，受到了孩子、家长们的喜爱和好评。

给家长的阅读建议：

文博类少儿图书对于学龄前的孩子来说，是一个有着天马行空想象力的世界，孩子会对文物的形状、花纹、功能……产生各种各样的问题，所以家长为孩子解释问题的时候，可以把书中的知识点与孩子熟悉的事物相关联，便于他们更好地理解与记忆，每次阅读时选择两三个知识点让孩子一点点消化，对于书中设计的文博游戏更可以当成亲子游戏来玩儿！

而对于入学后的小读者，父母陪伴孩子阅读是和孩子同频共振的基础，可以一起探讨。当孩子有想深入了解的问题时，家长可以协助孩子查阅更多资料，进一步探索和找到答案。这些都是效果非常好的亲子学习方式！

辽宁省博物馆　公共服务部副主任　张　莹

马上加入
奇妙中国
寻宝小分队
历史留声机
声临其境，带你走进历史现场！
集拼图
文物放大镜
配套动画，萌趣国宝等你探索！
国宝集拼图
缺你不可，呼朋唤友一起集！
文博绘画板
数字涂鸦，创作你的文物画！